# 7 Fantasies

# By

# Johannes Brahms

## For Solo Piano

## (1892)

## Op.116

# Fantasies

## Capriccio
D Minor
Op. 116, No. 1

# Intermezzo

## A Minor
### Op. 116, No. 2

# Capriccio

G Minor

Op. 116, No. 3

# Intermezzo

### E Major
### Op. 116, No. 4

# Intermezzo

E Minor

Op. 116, No. 5

**Andante con grazia ed intimissimo sentimento**

# Intermezzo

## E Major
## Op. 116, No. 6

# Capriccio

D Minor

Op. 116, No. 7